Vente par suite de Décès

CATALOGUE

DE

TABLEAUX

ET

DESSINS

PLANS, LIVRES D'ARCHITECTURE, BIBLIOTHÈQUE

PIANO

Composant le Cabinet de feu M. TARDIEU, Architecte,

DONT LA VENTE AUX ENCHÈRES PUBLIQUES AURA LIEU

HOTEL DROUOT

SALLE N° 7

Les Lundi 13 & Mardi 14 Mars 1865

A UNE HEURE & DEMIE PRÉCISE

Par le ministère de **Me ESCRIBE**, Commissaire-Priseur,
rue Saint-Honoré, 217,
Assistés de **M. HORSIN DÉON**, Peintre, rue Chabanais, 1,
CHEZ LESQUELS SE DISTRIBUE LE PRÉSENT CATALOGUE

EXPOSITION PUBLIQUE

Le DIMANCHE 12 Mars 1865, de une heure à cinq heures.

PARIS

RENOU & MAULDE

IMPRIMEURS DE LA COMPAGNIE DES COMMISSAIRES-PRISEURS
Rue de Rivoli, 144

1865

Vente par suite de Décès

CATALOGUE

DE

TABLEAUX

ET

DESSINS

PLANS, LIVRES D'ARCHITECTURE, BIBLIOTHÈQUE

PIANO

Composant le Cabinet de feu M. TARDIEU, Architecte,

DONT LA VENTE AUX ENCHÈRES PUBLIQUES AURA LIEU

HOTEL DROUOT

SALLE N° 7

Les Lundi 13 & Mardi 14 Mars 1865

A UNE HEURE & DEMIE PRÉCISE

Par le ministère de Me **ESCRIBE**, Commissaire-Priseur,
rue Saint-Honoré, 217,
Assistés de **M. HORSIN DÉON**, Peintre, rue Chabanais, 1,
CHEZ LESQUELS SE DISTRIBUE LE PRÉSENT CATALOGUE

EXPOSITION PUBLIQUE

Le DIMANCHE 12 Mars 1865, de une heure à cinq heures.

PARIS — 1865

CONDITIONS DE LA VENTE

Elle sera faite au comptant.

Les Acquéreurs paieront CINQ POUR CENT, en sus des adjudications, applicables aux frais.

AVIS

Nous avons joint cette Vente faite après le décès de M. Tardieu, architecte distingué, à celle de M. Alphonse Roëhn, également faite après décès, comme renfermant des ouvrages analogues et devant appeler un même public.

DÉSIGNATION

DES

TABLEAUX

PANINI (G. Paolo)

88 — Ruines de l'ancienne Rome.

Au milieu de débris d'architecture gisant à terre au pied du péristyle d'un temple à demi-ruiné, s'élèvent des tombeaux et des monuments que le temps a respectés. Des figures de soldats, dans la manière de Salvator, distribuées avec intelligence, animent ces ruines et complètent l'ensemble pittoresque de cet excellent tableau.

89 — Autres ruines de Rome.

Ce tableau, qui fait pendant au précédent, offre dans sa composition un ensemble analogue et d'égal mérite.

WINCK (Jean-Amand)

90 — Tableau de fruits et de fleurs.

Sur une table de marbre sont déposés des pêches, des raisins, des noisettes, un melon, des grenades, et, dans un plat de porcelaine, des poires, des prunes, des cerises ainsi que des citrons dont l'un, coupé par le milieu, est en partie pelé.

Un verre, contenant un bouquet composé de roses blanches et roses, de tulipes et autres fleurs, y est aussi déposé et ajoute au charme de ce tableau.

WINCK (JEAN-AMAND)

91 — Tableau de fruits et de fleurs.

Dans ce second tableau, qui fait pendant au précédent, on voit un melon entamé, des figues, des fraises, des groseilles, des raisins blancs, déposés aussi sur une table de marbre ainsi que dans un saladier ; des abricots, des cerises, du raisin noir, et dans une carafe se voit, comme dans le précédent, un bouquet de fleurs.

Des papillons, des mouches, des colimaçons et des insectes de diverses sortes sont distribués ça et là avec art dans ces jolis tableaux dont la couleur brillante s'adapte si bien au sujet. Ils sont signés *Jean, Amand Winck, pinx monachii*, 1797.

MONTPETIT (THÉRÈSE DE), 1793

92 — Portrait de femme.

Grand fixé d'une couleur brillante.

DELAPLACE (JACQUES), 1791

93 — Portrait de M. Regis de Curt.

Il est assis dans l'intérieur de son cabinet. Une foule d'accessoires, agréablement exécutés, donnent de l'intérêt à ce portrait.

De Curt était audiencier au conseil supérieur de la Guadeloupe. En 1790, il fut député de la Guadeloupe à l'Assemblée nationale, et en 1788 commissaire du roi aux îles de France et de Bourbon.

PATEL

94 — Paysage boisé.

Gouache.

DESSINS

95 – Lebert (1785). Deux portraits, homme et femme. (Crayon estompé.)

96 — Ange Stodtz. Portrait de Benoît XVI. (Pierre d'Italie.)

97 — Ciceri. Paysage : effet de lune. (Papier bleu rehaussé de blanc.

98 — Inconnu. Portrait d'enfant. (Pastel).

99 — Sous ce numéro seront vendus les dessins en portefeuille.

GRAVURES & LITHOGRAPHIES

100 — Plusieurs portefeuilles de Gravures, Albums et Gravures sous verre.

LIVRES A FIGURES

101 — Revue générale de l'Architecture et des Travaux publics, publiée sous la direction de M. César d'Arly, architecte. 16 vol.

102 — Villa Médicis à Rome, par Victor Baltard.

103 — Hôtel-de-Ville de Paris, par Victor Galliat, architecte,
avec Recherches sur le gouvernement municipal de
Paris, par Roux de Lincy.

104 — Parallèle des Maisons de Paris, depuis 1830 jusqu'à
nos jours, par Victor Galliat.

105 — Palais, Maisons et autres Edifices, dessinés à Rome,
publié à Paris l'an VI de la République, Recherches et
Notices, par Dufourny.

106 — Choix d'Edifices publics projetés ou construits en
France depuis le commencement du XIXᵉ siècle, par
MM. Gourlier, Biet, Grilon et Tardieu. 3 vol.: 2 reliés,
1 en livraisons.

107 — Types d'Architecture gothique, par A.-W. Pugin.
3 vol.

108 — Architecture pittoresque, ou Monuments du XVᵉ et
XVIᵉ siècles, par Victor Petit.

109 — Antiquités architecturales de la Normandie, par
Aug. Pugin, texte par John Britton, trad. par Alph.
Le Roy.

110 — Les Dix Livres d'Architecture de Vitruve, avec les
notes de Pérault, augmentées par Tardieu et Cousin·
2 vol.

111 — Deux autres exemplaires de cet ouvrage.

112 — Rome, par J.-G.-D. Armengaud, en quatre parties.

113 — Album de l'Ornemaniste, publié per Emile Lecomte.

114 — Arc-de-Triomphe des Tuileries, érigé en 1806, d'après
les dessins de Percier et Fontaine, publié et gravé par
Normand, texte de Brès.

115 — Les Ruines de Pœstum et Posidonia en l'an II, par M. de la Gardette.

116 — Les Ruines de Pœstum, par Mayer, graveur, et traduit de l'anglais.

117 — Productions de l'Art de la Charpente, par J.-Ch. Kraff. 1re partie.

118 — Projets d'Architecture qui ont mérité les grands prix accordés par l'Institut et autres, 1806.

119 — Architectonographie des Théâtres, Parallèles historiques et critiques de ces Edifices.

120 — Recueil des planches de l'Encyclopédie.

121 — Musée des Familles. Les 12 premiers vol.

122 — Dictionnaire des Rues de Paris et de ses Monuments, par Félix et Louis Lazare.

123 — Manuel des Lois du Bâtiment et Code des Architectes.

124 — Paris moderne, ou Choix des Maisons, par Normand fils.

125 — Deux portefeuilles contenant des Dessins et Gravures d'Architecture, Plans, Coupes, et Détails, par MM. Tardieu, père et fils.

126 — Album contenant des Dessins d'Architecture et Gravures.

127 — Album de Calques.

128 — Une suite d'albums de divers industriels.

LIVRES RELATIFS A L'ARCHITECTURE

129 — Vie des Architectes, par Pingeron.

130 — Description de Paris, par Brice.

131 — Lettres sur la Peinture, Sculpture, Architecture.

132 — Traité d'Architecture, par Cordemois.

133 — Plan et Descriptions des Maisons de Campagne, par Félibien.

134 — Projets des Embellissements de la Ville de Paris, par Delagrave.

135 — Antiquités d'Herculanum, par Bellicard.

136 — Annuaire des Artistes français, par Guyot de Fare.

137 — Architecture française, par Saveau.

138 — Traité de perspective.

139 — L'Architecture, par Bulet.

140 — Essais sur la Peinture, par Bachaumont.

141 — Génie d'Architecture, par Cousin père.

142 — Vignole des Ouvriers, par Normand.

143 — Vignole, par Destournelles.

144 — Dictionnaire des rues de Paris et de ses monuments,

BIBLIOTHÈQUE

Environ 500 volumes, parmi lesquels se trouvent: la Vie de Napoléon Ier, par de Norvins, illustré par Raffet ; le Mémorial de Sainte Hélène, illustré par Charlet ; l'Œuvre moderne de Voltaire, en 54 vol. ; l'Œuvre de Lamartine, 10 vol. ; le Livre Rouge, Mémoires de Samson, le Conteur, 6 vol. ; l'Echo des Feuilletons ; 22 volumes de Paul de Kock ; la Bibliothèque populaire, 31 vol. ; l'Œuvre de J.-J. Rousseau, 17 vol. ; l'Œuvre de Lord Byron, 13 vol. ; l'Œuvre de Walter-Scott, 27 vol., etc.

OBJETS D'ARPENTAGE

145 — Graphomètre, Mire, Niveau-d'Eau, etc.

MEUBLES

146 — Piano droit.

147 — Corps de Bibliothèque.

148 — Table d'Architecte.

149 — Sous ce numéro, les objets divers.

Renou et Maulde, imprimeurs de la Compagnie des Commissaires-Priseurs, rue de Rivoli. 144.   39335